Möglichkeiten und Grenzen der Portfolio-Methode im Rahmen der strategischen Unternehmens- planung

BoD™
BOOKS on DEMAND

Business Zitat

„Die Klage über die Stärke des Wettbewerbs,
ist in Wirklichkeit meist nur eine Klage über
einen Mangel an Einfällen."

Walther Rathenau (1867-1922)
Industrieller, Schriftsteller und Politiker

Jürgen Lang

Möglichkeiten und Grenzen der Portfolio-Methode im Rahmen der strategischen Unternehmensplanung

Vortrag

Bibliografische Information der Deutschen Nationalbibliothek:
Die Deutsche Nationalbibliothek verzeichnet diese Publikation
in der Deutschen Nationalbibliografie; detaillierte bibliografische Daten sind im Internet über http://dnb.dnb.de abrufbar.

2. aktualisierte Auflage 2018

Illustration: © 2018 pixabay
Beschreibung: Das bunte Frauengesicht verkörpert Aufbruch,
Dynamik, Gleichberechtigung, Moderne und Internationalität.
Der Produktionsfaktor Wissen kennt heute keine Schranken
mehr.

Herstellung und Verlag: BoD – Books on Demand, Norderstedt

ISBN: 978-3-8482-6025-6

Inhaltsverzeichnis

Vorwort

Der wissenschaftliche Vortrag wurde am 5. Februar 1988, anlässlich der Diplomprüfung zum Betriebswirt (VWA), abgehalten. Er fand an der Verwaltungs- und Wirtschaftsakademie Rhein-Neckar e.V. (Universität Mannheim) statt.

Das Manuskript wurde unverändert übernommen. Die Redezeit betrug maximal 10 Minuten. Lediglich eine kurze Gliederung war erlaubt. Da Computer damals noch nicht üblich waren, habe ich das Manuskript noch handschriftlich sowie das Handout mit der Schreibmaschine geschrieben. Alle Schaubilder mussten umständlich aus den Büchern herauskopiert werden. Ferner waren entsprechende Quellen kaum verfügbar. Viele Bücher waren ständig verliehen oder in der Anschaffung noch sehr teuer. Die Vorbereitungszeit betrug 7 Tage. Das heißt neben der Arbeit, Auto, Freizeit, Freundin und dem eigenem Haushalt.

In der 2. Auflage 2018 wurde der Einband modernisiert, Fehler korrigiert sowie das Layout optimiert. Dadurch hat sich die Seitenzahl erhöht. Es war meine erste Buchveröffentlichung.

Frankenthal (Pfalz) im Februar 1988
Freiburg im Februar 2013

Der Buchautor

Kapitel 1 – Einleitung

Herr Prof. Dr. Hummrich,
verehrtes Prüfungskomitee,
liebe Kommilitonen!

Konkurrenzdruck, Marktsättigung und versiegende Erfolgsquellen kennzeichnen heute die Situation vieler Unternehmen am Markt.

Wie diese Probleme mit Hilfe der Portfolio-Methode, im Rahmen der strategischen Planung bewältigt werden können, soll jetzt erläutert werden.

Kapitel 2 – Planungssysteme

D ie Planungssysteme der heutigen Praxis unterteilen sich nach unterschiedlicher zeitlicher Reichweite und Planungsdetailierungsgrad in die drei Planungsphasen:

- o Strategische Planung

- o Taktische Planung und

- o Operative Planung

Siehe auch <u>Schaubild 1</u>!

Kapitel 3 – Strategische Unternehmens-planung

Kapitel 3.1 – Begriff und Zielsetzung

S trategische Planung ist die Verbindung zwischen formulierten Unternehmenszeilen und der operativen Planung mit dem Ziel zukünftige Erfolgspotentiale zu sichern.

Kapitel 3.2 – Strategische Führungsaufgaben

Kapitel 3.2.1 – Entwicklung von Planungsebenen

Im Allgemeinen formuliert die zentrale Unternehmensleitung die ersten groben Vorstellungen, Restriktionen und Rahmenbedingungen für das gesamte Unternehmen.

Auf der dezentralen Ebene werden von den einzelnen Verantwortungsbereichen im Anschluss daran Alternativen aufgestellt, die in die weitere Planung einfließen.

Kapitel 3.2.2 – Suche von Erfolgsfaktoren

Erfolgsfaktoren sind solche Faktoren, die den Erfolg eines Produkts bestimmen.

In den letzten Jahren wurden durch empirische Studien Gesetzmäßigkeiten entdeckt, die in bestimmten Situationen den Erfolg oder Misserfolg eines Produktes bzw. die Lage eines strategischen Geschäftsfeldes beeinflussen.

Hierbei sind zu erwähnen

- o die Produktlebenskurve

- o die Erfahrungskurve

- o diverse PIMS-Untersuchungen

PIMS steht hierbei für „Profit Impact of Market Strategies", d.h. über Auswirkungen der Marktstrategien auf den Gewinn.

Kapitel 3.2.3 – Bildung von Geschäftsfeldern

Strategische Geschäftsfelder zeigen eine bestimmte Lage eigener Produkte innerhalb eines sogenannten Markt-Portfolios auf.

Es werden hierbei Unternehmenseinheiten zusammengefasst, die hinsichtlich einzelner Merkmale der Produkte, der Märkte sowie des Unternehmens gleichartig sind.

Die strategischen Geschäftsbilder bilden die Voraussetzung strategischer Planungsarbeit. Es lassen sich hier gute und schlechte Geschäftsfelder voneinander trennen.

Kapitel 4 – Portfolio-Methode

Kapitel 4.1 – Möglichkeiten

E s sind im Rahmen der Portfolio-Methode besonders das

- o Marktanteil-Marktwachstums-Portfolio
  der „Boston Consulting Group"

sowie das

- o Branchenattraktivitäts-Gewinnfeldstärke-Portfolio
  der „Beratungsgesellschaft McKinsey"

zu erwähnen.

Im folgendem haben wir es mit dem Marktanteil-Marktwachstums-Portfolio zu tun, da dies das bedeutendste Markt-Portfolio ist.

Kapitel 4.2 – Konzeption der Markt-Portfolios

Kapitel 4.2.1 – Aufbau

Komplexe Zusammenhänge von Unternehmen und Markt werden hier auf eine zweidimensionale Matrix reduziert und die Lage eigener Produkte bzw. strategischen Geschäftsfelder entsprechend ihrer Marktstelllung festgesetzt.

Kapitel 4.2.2 – Feldinhalte

- o „Stars" beziehungsweise Sterne
  sind Produkte mit hohem Marktwachstum und relativ hohem Marktanteil

- o „Cash Cows" beziehungsweise Milchkühe
  sind dagegen Produkte mit niedrigem Marktwachstum und hohem Marktanteil

- o „Dogs" beziehungsweise Hunde
  kennzeichnen Produkte im Feld niedrigem Marktwachstum bei niedrigem Marktanteil

- o „Question Marks" beziehungsweise Fragezeichen
  sind Produkte die sich durch hohes Marktwachstum bei niedrigem Marktanteil präsentieren. Sie werden auch als Nachwuchsprodukte betitelt.

Siehe auch Schaubild 2!

Kapitel 4.2.3 – Normstrategien

Den einzelnen Feldern des Marktanteil-Marktwachstums-Portfolios werden sogenannte Normstrategien wie folgt zugeordnet.

„Stars" sind hierbei Produkte in der Wachstumsphase, die schon einen relativ hohen Marktanteil errungen haben. Sie verzeichnen ausgezeichnete Zuwächse und sichern langfristig das Wachstum des Unternehmens. In der Wachstumsphase verbrauchen sie jedoch mehr Ausgaben, als sie Einnahmen bringen. Aber sie sind die Cash-Lieferanten der Zukunft und dürfen nicht zu früh gemolken werden, sonst verschenkt man späteres Erfolgspotential.

Die „Cash Cows" sind die tragenden Säulen des Unternehmens. Es sind Produkte mit hohem Marktanteil in stabilen oder nur noch gering wachsenden Märkten. Sie liefern die notwendigen Finanzmittel um den Nachwuchs und die Stars aufzubauen.

„Dogs" sind Problemprodukte, denn hohe finanzielle Anstrengungen sind für eine günstigere Position erforderlich. Hier gibt es folgendes Konzept

- o Konzentration auf ein aussichtsreicheneres Marktsegment

- o Ausgabenreduzierung auf das absolut notwendigste

- o Verkauf des strategischen Geschäftsfeldes an die Konkurrenz

- o Sofortiger Rückzug aus dem betreffenden Marktsegment

„Question Marks" – Bei diesen Innovationsprodukten besteht hoher Kapitalbedarf aufgrund hoher Kosten für Entwicklung und Markteinführung. Da sie enorm cashhungrig sind können immer nur einige wenige Nachwuchsprodukte für den weiteren Ausbau forciert werden. Verbesserungen währen unter Umständen möglich

- o durch Investition zur Wettbewerbsverbesserung mit Aussicht eines Marktführers

oder es bleibt der Rückzug in ein anderes Marktsegment.

Kapitel 4.3 – Grenzen der Portfolio-Methode

Kapitel 4.3.1 – Zeitbezug

Es werden keine Aussagen über die zeitliche Entwicklung der strategischen Geschäftsfelder gemacht, zum Beispiel wie lange ein Star leuchtet oder ob aus dem Star überhaupt ein Cash cow wird.

Kapitel 4.3.2 – Strategieumsetzung

Nachdem das Markt-Portfolio einen Ist-Zustand über die strategischen Geschäftsfelder geliefert hat stellen sich als weiterer Schritt folgende Fragen:

- o Welche Strategie soll in der Zukunft umgesetzt werden?

- o Welches Geschäftsfeld soll im Vordergrund stehen?

- o Welches soll aufgegeben werden?

Um zu einer Entscheidung zu kommen müssen die einzelnen Strategien zu ihrer Umsetzung bewertet werden.

Dies wäre beispielsweise möglich

- o Durch einen Mindest-Cashflow,

der angibt wann ein strategisches Geschäftsfeld aufgeben werden soll, wenn es diesen Mindest-Cashflow nicht mehr erwirtschaftet.

Weitere Kriterien könnten sein:

- o Personelle Ressourcen
- o das Kapital

- o die Anlagen
- o die Technologie
- o Kosteneffekte
- o Zeit zur Realisation

oder auch die Effekte auf andere strategische Geschäftsfelder.

Kapitel 5 – Fazit

Die Portfolio-Methode ist ein praxisnahes Planungsinstrument in leicht verständlicher Form. Die strategischen Probleme eines Unternehmens werden hierbei deutlich herausgestellt, vorausgesetzt aber, dass die Einteilung der Geschäftsfelder in die Portfolio-Kategorien auf realistischen Schätzungen beruht.

Anwendungsprobleme ergeben sich dabei

- o durch nicht eindeutig abgegrenzte Geschäftsfeldbestimmungen

- o durch Unterschätzung der Wettbewerbsfähigkeiten oder

- o durch unvollständige Prognosen

Ich bedanke mich für Ihre Aufmerksamkeit!

Kapitel 6 – Nachbetrachtung

Auch über 30 Jahre nach dem Vortrag, ist die Portfolio-Methode immer noch zeitgemäß. Diese wird inzwischen in vielen Wirtschaftsbereichen eingesetzt. Ferner in der investororientierten Unternehmensanalyse.

Ursprünglich war die Portfolio-Methode nur einer Elite von US-amerikanischen Managern, mit globaler Ausrichtung, vorbehalten. Der nachweisliche Erfolg und der regelmäßige Austausch von Managementwissen, haben schnell zur Popularität beigetragen.

Anwender müssen sich aber gewusst sein, dass keine Methode die komplexen Zusammenhänge strategischer Entscheidungen umfassend und risikofrei lösen kann. Sie ist immer nur Teil des Ganzen.

Anhang A – Schaubild 1

Dreistufig gegliedertes Planungssystem,
nach: *Dunst Klaus H. – Portfolio-Management*

Strategische
Planung

Taktische Planung
Operative Planung
DURCHFÜHRUNG

F&E   Produktion   Marketing   Personal   Finanzen

Anhang A – Schaubild 2

Martanteil-Marktwachstums-Portfolio,
nach: *Dichtl, E. – Der Weg zum Käufer*

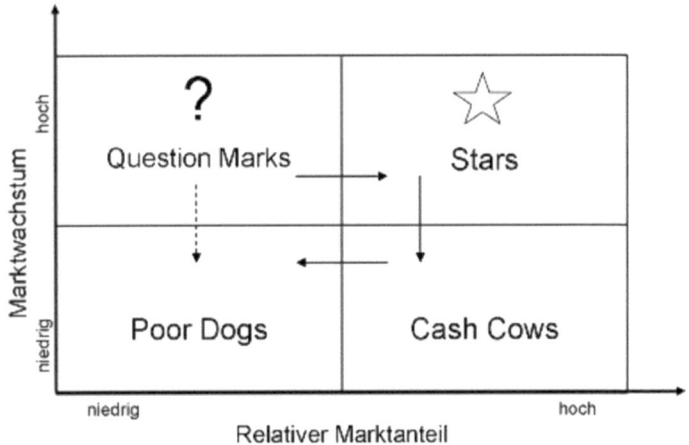

Anhang B – Literaturverzeichnis

Bloos, J.
Managementwissen – Marketing, Würzburg 1987

Dichtl, E.
Der Weg zum Käufer, München 1987

Dunst, Klaus H.
Portfolio Management – Konzeption für die
strategische Unternehmensplanung, Berlin 1979

Gabele, E.
Strategische Unternehmensplanung, in: WISU
Wirtschaftsstudium, Heft 10, Oktober 1986

Hummrich, Ulrich E.
Betriebswirtschaftliches Seminar – VWA Rhein-Neckar,
Mannheim 1985 – 1987

Pfeiffer, W. (Hrsg.) u.a.
Technologie-Portfolio zum Management strategischer
Zukunftsgeschäftsfelder, Göttingen 1987

Reichert, R.
Entwurf und Bewertung von Strategien, München 1984